D1873232

Pater
Anselm Grün

Die Salbung der Kranken

Vier-Türme-Verlag

Die Deutsche Bibliothek – CIP-Einheitsaufnahme
Ein Titeldatensatz für diese Publikation ist bei
Der Deutschen Bibliothek erhältlich

1. Auflage 2001
© Vier-Türme GmbH, Verlag, D-97359 Münsterschwarzach Abtei
Umschlaggestaltung, Layout und Satz:
Atelier Stefan Issig und Dirk Nitschke, Büro für Gestaltung, Kitzingen
Druck: Benedict Press, Münsterschwarzach
ISBN 3-87868-170-4

Pater
Anselm Grün

Sakramente

Die Salbung der Kranken

Trost und Zärtlichkeit

Vier-Türme-Verlag
Münsterschwarzach

Inhaltsverzeichnis

Die Salbung der Kranken

Trost und Zärtlichkeit

Einleitung

Das Sakrament der Krankensalbung ist eingebettet in die Sorge der Kirche für die Kranken. Die Kirche versteht ihren Dienst an den Kranken als seelsorgliche Betreuung und Begleitung. Wer an der Krankheit leidet, gerät nicht nur in eine körperliche, sondern auch in eine psychische Krise. So braucht er den Beistand eines Menschen, der ihm zuhört und zu ihm steht. Der Dienst der Kirche findet seinen tiefsten Ausdruck im Sakrament der Krankensalbung. Seit dem Zweiten Vatikanischen Konzil ist die Krankensalbung wieder mehr in den Blick geraten. Sie wird nicht mehr nur als letzte Ölung verstanden, sondern als Stärkung des Kranken in seiner körperlichen und seelischen Gefährdung, in die er durch die Krankheit geraten ist.

In vielen Gemeinden werden heute Krankengottesdienste mit Krankensalbung angeboten. Die Kirche hat ihre Verpflichtung den Kranken gegenüber wieder neu erkannt. Wie eine Gemeinschaft mit den Kranken umgeht, das sagt sehr viel über die Kultur des Miteinanders aus. Die heutige Gesellschaft versucht, Krankheit und Tod zu verdrängen und in die Krankenhäuser und Hospize zu verbannen. Die Spezialisten sollen sich darum kümmern. Die Gesellschaft will damit nichts zu tun haben. Die Kirche darf diese Verdrängung der Krankheit nicht mitmachen. Sie will gerade im Sakrament der Krankensalbung ein Zeichen dafür setzen, daß sie sich als Gemeinschaft um die Kranken kümmert und ihnen nicht nur die Liebe Gottes zuteil werden läßt, sondern sich auch menschlich den Kranken zuwendet und die Sorge für sie wahrnimmt.

In diesem Buch über das Sakrament der Krankensalbung geht es mir darum, einen christlichen Umgang mit Krankheit überhaupt zu beschreiben. Wir dürfen die Sakramente der Kirche nicht als etwas Isoliertes sehen, das nur die Priester und Seelsorger und Seelsorgerinnen kraft ihres Amtes spenden. Die Sakramente sind Zeichen, wie die Kirche überhaupt umgeht mit den wichtigen Themen wie Geburt und Tod, Gesundheit und Krankheit, Erwachsenwerden, Liebe, Verantwortung, Sendung und Schuld. Es sind zentrale Themen, die jedes Sakrament anspricht. Das Sakrament der Krankensalbung fordert uns heraus, uns mit Krankheit und Tod auseinander zu setzen und sie aus dem Glauben heraus zu bewältigen. Und zugleich verheißt uns das Sakrament, daß kein Bereich unseres Lebens von der liebenden Fürsorge Gottes ausgeschlossen ist. Sakrament heißt ja, daß wir im Sichtbaren dem Unsichtbaren begegnen. Das Sakrament der Krankensalbung möchte uns dafür sensibel machen, daß wir gerade in unserer Krankheit Gott begegnen, daß uns unser Kranksein für den Gott und Vater Jesu Christi aufbricht, damit er unser Leben heilt und verwandelt.

I. Das Sakrament der Krankensalbung

„Heilt Kranke, weckt Tote auf!" – Der Auftrag Jesu

Das Sakrament der Krankensalbung geht auf den Auftrag Jesu zurück, der seine Jünger aussendet: „Heilt Kranke, weckt Tote auf, macht Aussätzige rein, treibt Dämonen aus!" (Mt 10,8) Jesus fordert von den Jüngern, daß sie die gleichen Taten vollbringen, die er vollbracht hat. Für Matthäus ist der Gedanke der Angleichung der Jünger an den Herrn sehr wichtig. Jesus sendet seine Jünger aus, um aus seiner Vollmacht und Kraft heraus Kranke zu heilen.

Dieser Sendungsauftrag Jesu ist in der Kirchengeschichte nicht immer ernst genommen worden. Ihn ernst zu nehmen würde bedeuten, daß auch wir uns als Jünger Jesu verstehen, die ausgesandt sind in diese Welt, um die Kranken zu heilen. Die Botschaft Jesu hat eine therapeutische Dimension. In der Kraft Jesu sollen wir uns den Kranken zuwenden, den körperlich und seelisch Kranken, um sie zu heilen. Jesus traut uns zu, daß wir denen Mut machen, die mutlos dahinsiechen, daß wir die Gebeugten aufrichten, die Stummen ermuntern, ihre Stimme zu erheben, und den Gelähmten zurufen, daß sie aufstehen und ihren eigenen Weg gehen. Die ausgestoßen sind aus der menschlichen Gemeinschaft, sollen wir in unser Miteinander aufnehmen. Unsere Aufgabe besteht darin, denen, die sich selbst nicht annehmen können, zu vermitteln, daß sie liebenswert und willkommen sind. Die Toten, die nur noch funktionieren, die innerlich leer geworden sind, sollen wir zum Leben erwecken. Und wir dürfen es wagen, die Dämonen auszutreiben, die die Menschen daran hindern, sie selbst zu sein. Dämonen, das können innere Zwänge sein, das können unreine Geister sein, die unser Denken trüben, giftige und bittere Gefühle, Illusionen, die uns in eine Scheinwelt führen.

Im Markusevangelium wird beschrieben, wie die Jünger die Kranken heilen: „Sie trieben viele Dämonen aus und salbten viele Kranke mit Öl und heilten sie." (Mk 6,13) Die Kirchenväter – und mit ihnen das Konzil von Trient – beziehen sich auf diese Stelle als Begründung für das Sakrament der Krankensalbung. In der Antike war Öl ein bekanntes Heilmittel. Vor allem das Olivenöl wurde als Symbol geistiger Kraft gesehen, weil es aus der Frucht des Olivenbaumes gewonnen wurde, der auf dürrem Boden wächst und dennoch Frucht bringt. Das Olivenöl ist nicht nur Heilmittel, sondern auch Lichtsymbol und Symbol für Reinheit. Wenn die Jünger die Kranken mit Öl salben, so treten sie nicht als Ärzte auf, sondern als Zeugen Jesu Christi. Der evangelische Exeget Walter Grundmann meint, das Öl „hat in der Hand der Jünger eine sakramentale Bedeutung, insofern es ähnlich wie das Auflegen der Hände die Realität der göttlichen Hilfe abbildet". (Grundmann 170) Indem die Jünger die Kranken mit Öl salben, rufen sie die göttliche Segenskraft auf die Kranken herab. So wie das Öl die Wunde heilt, so möge Gott im Namen Jesu Christi seine heilende Kraft dem Kranken zuwenden.

Die frühe Kirche beruft sich bei der Praxis der Krankensalbung vor allem auf eine Stelle aus dem Brief des Jakobus: „Ist einer von euch krank? Dann rufe er die Ältesten der Gemeinde zu sich; sie sollen Gebete über ihn sprechen und ihn im Namen des Herrn mit Öl salben. Das gläubige Gebet wird den Kranken retten, und der Herr wird ihn aufrichten; wenn er Sünden begangen hat, werden sie ihm vergeben." (Jak 5,14f) Bei dem Kranken ist offensichtlich jemand gemeint, der ans Bett gefesselt ist und daher die Ältesten nicht selber holen kann, sondern sie herbeirufen muß. Der Kranke ist aber nicht bewußtlos oder dem Tode nahe. Er kann ja die Ältesten noch herbeirufen. Die Ältesten sind Vorsteher der Gemeinde, also Amtspersonen und nicht charismatische Heiler. (Vgl. Mußner 218ff.) Sie sollen über den Kranken beten und ihn dabei mit Öl salben. Die Salbung mit Öl begleitet das Gebet und verstärkt es. Öl war im Judentum ein beliebtes Heilmittel. Öl soll dem alten und kranken Adam seine Todesschmerzen lindern. Es dient dazu, Dämonen abzuwehren. Es bewahrt vor dem Tod und erhält und stärkt das Leben.

Die Ältesten rufen bei der Salbung mit Öl den Namen des Herrn an. Sie handeln dabei nicht nur im Auftrag Jesu, sondern in seiner Vollmacht und Kraft. Indem sie den Kranken mit Öl salben und für ihn beten, ist Jesus, der Herr, selbst anwesend. Da die Ältesten den Namen des Herrn anrufen, erfahren sie die Kraft Jesu, der den Kranken heilt. So hat es Petrus bei der Heilung des Gelähmten an der Schönen Pforte des Tempels erfahren. Petrus erklärt diese Heilung: „Weil er an seinen Namen geglaubt hat, hat dieser Name den Mann hier, den ihr seht und kennt, zu Kräften gebracht; der Glaube, der durch ihn kommt, hat ihm vor euer aller Augen die volle Gesundheit geschenkt.“ (Apg 3,16) Die Krankensalbung ist keine magische Handlung. Die heilende Wirkung wird dem Gebet zugeschrieben, „das aus der Kraft des Glaubens kommt, aus dem gläubigen Wissen, daß der Herr zu helfen vermag, und aus der festen Überzeugung, daß er auch wirklich hilft.“ (Kascynski 255) Letztlich ist es immer Jesus Christus selbst, der den Kranken heilt, wenn die Ältesten ihn gläubig darum bitten.

Die Exegeten haben sich darüber Gedanken gemacht, was die drei Worte „retten, aufrichten, vergeben" in Jak 5,14f bedeuten, ob sie sich auf die leibliche und seelische Gesundung des Kranken beziehen oder auf sein endgültiges Heil, auf die Auferweckung von den Toten. Wahrscheinlicher ist es, daß sich alle drei Worte auf die gegenwärtige Verwandlung der Krankheit richten. Wenn die Ältesten aus einem starken Glauben heraus beten, dann wird das Gebet den Kranken heilen und aufrichten. Das Aufrichten meint eine seelische Aufrichtung: „Der Herr gibt dem Kranken Kraft und Stärke zur seelischen Bewältigung seines Leidens." (Mußner 223) Das Wort aus dem Jakobusbrief ermutigt uns, auch um körperliche Heilung zu beten. Aber wir dürfen nicht darauf fixiert sein, daß die körperliche Krankheit durch das Gebet wie durch ein Zauberwort aufgelöst wird. Durch das Gebet wird ein Prozeß des Vertrauens und der Hingabe an Gott ausgelöst, der die Seele beruhigt und aufrichtet und dann auch den Körper berührt. Allerdings ist nicht jede seelische Gesundung zugleich auch körperliche Heilung. Entscheidend ist das Vertrauen, das durch das Gebet und durch die Salbung mit Öl im Kranken entsteht. Jesus selbst berührt ihn und richtet ihn auf. So kann er auf neue Weise mit seiner Krankheit umgehen.

Der Nachsatz von der Sündenvergebung zeigt, daß Krankheit und Sünde nicht notwendig zusammen hängen: „Für den Fall, daß der Kranke Sünden begangen hat, werden sie ihm vergeben werden." (Jak 5,15) Krankheit muß nicht immer durch Sünde bedingt sein. Der Empfänger der Krankensalbung ist ein Kranker und nicht in jedem Fall ein Sünder. Doch wenn einer gesündigt hat, darf er darauf vertrauen, daß das Gebet und die Salbung mit Öl ihm auch die vergebende Kraft Jesu vermitteln. Jesus selbst hält seine Hand über den Kranken und nimmt ihn bedingungslos an. Wenn er gesündigt hat und ihn Schuldgefühle quälen, so darf er getrost darauf vertrauen, daß ihm seine Sünden vergeben werden und Gott ihn bedingungslos annimmt.

Die Geschichte der Krankensalbung

Schon etwa seit dem Jahr 200 weihten Bischöfe Öl, damit es durch die Weihe die Kraft empfängt, „Stärkung und Gesundheit zu bringen" (Greshake 419). Bei der Weihe wird der Heilige Geist auf das Öl herabgerufen. So wird das Öl, das in sich schon heilende Wirkung hat, zum Symbol für die heilende Kraft des Geistes Gottes. In der alten Kirche wird nicht die Krankensalbung Sakrament genannt, sondern das Öl selbst. Der Bischof weihte dieses Öl in der Eucharistiefeier, und die Gläubigen nahmen es mit nach Hause als ein Heilmittel für Leib und Seele. Sie haben es entweder getrunken und sich davon Stärkung an Leib und Seele erwartet oder ihre Wunden damit gesalbt. Aus einem Brief von Papst Innozenz I. aus dem Jahre 416 geht hervor, daß die Salbung nicht den Priestern vorbehalten war, sondern allen Gläubigen gestattet wurde. Der Papst erklärt die Worte aus dem Jakobusbrief: „Zweifellos muß das von den kranken Gläubigen verstanden werden, die mit dem heiligen Öl des Chrisma gesalbt werden können. Dieses Öl wird vom Bischof geweiht und darf nicht nur von den Priestern, sondern von allen Gläubigen in eigener Not oder in der Not der Ihrigen zur Salbung verwendet werden." (Kaczynski 268) Der Papst nennt das Öl ein Sakrament. Daher soll es den Büßern, die während ihrer Bußzeit von der Kirche ausgeschlossen sind, verwehrt werden.

Die frühe Kirche stellte das Sakrament des geweihten Öles den abergläubischen und heidnischen Praktiken gegenüber. Damit die Christen nicht mehr zu Wahrsagern und Zauberern gingen, hat die Kirche ihren Heilungsauftrag ernst genommen und das Öl geweiht. Die Christen sollten in der Eucharistie den Leib und das Blut Christi empfangen und davon Heilung erfahren. Und sie sollten sich das geweihte Öl mit nach Hause nehmen, „um sich damit selbst zu salben oder von ihren Verwandten salben zu lassen“ (Kaczynski 270). Diese Praxis antwortet auf das Urbedürfnis des Menschen nach Heilung seiner körperlichen und seelischen Krankheiten. Zunächst brachten die Gläubigen Öl in die Kirche mit, das dann am Ende des Hochgebetes geweiht wurde. Ab dem 5. Jahrhundert weihte der Bischof das Öl nur noch am Gründonnerstag. Die Gläubigen konnten das Öl nur noch vom Bischof erhalten, um damit die Kranken zu salben. In den liturgischen Texten wird jede Krankheit genannt, bei der die Salbung vollzogen werden kann. Die Kirche hat sich in der Krankensalbung auf die Menschen mit ihren konkreten Nöten eingelassen und ihnen in der Weihe des Öles, das jeder mit nach Hause nehmen konnte, eine konkrete Hoffnung auf Heilung ihrer Krankheiten geschenkt.

In den ersten Jahrhunderten war die Sorge für die Kranken mit jeder Eucharistiefeier verbunden. Man feierte in der Eucharistie nicht nur die Verwandlung des eigenen Lebens, sondern schöpfte aus dem Gedächtnis des Todes und der

Auferstehung Jesu auch das Vertrauen, daß Jesu heilende Kraft auch den daheim gebliebenen Kranken Linderung verschafft. Später wurde die Spendung der Krankensalbung mehr an den Bischof gebunden. Von ihm stammte das heilende Öl. Doch es war Aufgabe und Recht jedes Christen, dieses Sakrament zu spenden. Die Verbindung mit dem Bischof bestand nur darin, daß man von ihm das Öl erbat. Diese Praxis sollten wir heute neu bedenken, wenn wir um zeitgemäße Formen der Krankensalbung ringen und wenn wir über die Spendung des Sakramentes durch Seelsorger und Seelsorgerinnen diskutieren.

In der karolingischen Zeit setzen sich die Bischöfe mit großem Nachdruck für das Sakrament der Krankensalbung ein. Sie ordnen das Sakrament allerdings so, daß es den Priestern vorbehalten ist. Sie ermahnen die Priester, daß sie sich um die Kranken kümmern und ihnen beim Sterben beistehen sollen. Die Bischöfe sehen das Sakrament der Krankensalbung jetzt vor allem als Vorbereitung auf den Tod. So fordert eine Verordnung Karls des Großen von 769, „daß die Sterbenden nicht ohne Salbung mit dem gesegneten Öl, Versöhnung und Wegzehrung sterben sollen“ (Kaczynski 274). Unter dem Einfluß des Ostens wurde die Krankensalbung dann auch mit dem Gedanken der Buße in Beziehung gesetzt. Weil die Buße mit hohen Auflagen verbunden war, verschob man sie auf den letzten Augenblick. So wurde aus der Krankensalbung die „Letzte Ölung“. Als man im 11. und 12. Jahrhundert eine eigene Sakramententheologie erarbeitete und die Zahl der Sakramente auf sieben festlegte, wurde die Krankensalbung von Thomas von Aquin als „das letzte und gleichsam alles einbegreifende Sakrament des ganzen geistlichen Heilsweges“ (Greshake 420) verstanden. Die Krankensalbung bereitet den Menschen darauf vor, an der göttlichen Herrlichkeit teilzuhaben. So wurde sie zum Sakrament des letzten Übergangs.

Das zweite Vatikanische Konzil hat diese einseitige Sicht der Krankensalbung als Sterbesakrament aufgegeben. Sie soll nun nicht mehr erst in äußerster Lebensgefahr gespendet werden, sondern bereits, „wenn der Gläubige beginnt, wegen Krankheit oder Altersschwäche in Lebensgefahr zu geraten“ (Greshake 421). Papst Paul VI nennt in seiner Apostolischen Konstitution nicht mehr Lebensgefahr als Bedingung für die Krankensalbung, sondern er spricht von Menschen, „deren Gesundheitszustand bedrohlich angegriffen ist“ (ebd.). In der Folgezeit entstand ein theologischer Streit, ob die Krankensalbung nicht zu einseitig als Hilfe für jede Krankheit verstanden wurde, ob da nicht die Verdrängung des Todes durch die Gesellschaft auch in die kirchliche Seelsorge hineingewirkt habe.

Greshake plädiert dafür, die Spannung zwischen „Krankensalbung und Letzter Ölung“, zwischen Hilfe für den kranken Menschen und Einübung in das Sterben zu wahren. Die Krankheit erinnert uns immer an den Tod. Sie ist immer schon ein Todesbote. Daher ist das Gebet für den Kranken ein Gebet um Heilung, aber zugleich auch Bitte darum, daß der Kranke seine Krankheit annimmt und sich daran erinnern läßt, daß er sterblich ist, daß er keine Garantie hat, wieder gesund zu werden. Wenn die Krankheit als „eine Erschütterung des gesamtmenschlichen Befindens“ (Die Feier der Krankensakramente 22) verstanden wird, dann heißt Krankensalbung auch, daß der Mensch in seiner

Erschütterung für das Geheimnis Jesu Christi aufgebrochen wird, daß er sich durch die Begegnung mit Jesus Christus einführen läßt in das Geheimnis seines eigenen brüchigen Lebens. Krankensalbung ist immer auch Erfahrung der eigenen Endlichkeit. Aber in dieser Erfahrung meiner Sterblichkeit darf ich darauf vertrauen, daß ich in Gottes guter Hand bin. Gottes gute Hand kann meine Krankheit heilen. Sie wird mich aber auch begleiten, wenn Gott mich in der Krankheit beläßt und mir zumutet, durch das Tor des Todes zu schreiten.

In letzter Zeit wird immer auch die Frage nach dem Spender der Krankensalbung gestellt. Ist sie allein dem Priester vorbehalten oder kann sie jeder spenden, der sich um den Kranken kümmert? In der Krankenhausseelsorge plädieren viele dafür, daß die Krankenhausseelsorgerin die Krankensalbung vornehmen soll, da sie den intensivsten Kontakt mit dem Kranken hat. Das Sakrament der Krankensalbung wäre dann der Höhepunkt jeder Seelsorge. Greshake schließt aus der Tatsache, daß der Jakobusbrief von „Ältesten“ spricht, also von Repräsentanten der Gemeinde, von Amtsträgern, daß die Krankensalbung Priestern und Diakonen vorbehalten sein sollte. Es gehe nicht nur um persönliche Zuwendung, sondern um ein Tun der Kirche, die die zärtliche Berührung Jesu Christi vermitteln möchte. Die Frage ist, ob der Brief von Papst Innozenz I. aus dem Jahre 416 nicht dafür spräche, die Krankensalbung denen zu gewähren, die sich um die Kranken sorgen, also den Angehörigen und den Krankenhausseelsorgern. Das Band zur offiziellen Kirche wäre das Öl, das vom Bischof geweiht wurde. Wer immer auch das Sakrament der Krankensalbung spendet, tut es dann im Auftrag des Bischofs und mit dem Öl, das der Bischof geweiht hat. Insofern wäre es nicht nur ein privater Akt von Frömmigkeit, sondern ein Handeln der Kirche, das im Auftrag und mit der Weihe des Bischofs geschieht.

Jesus der wahrhaft heilende Arzt

Die Krankensalbung gehört zu den sogenannten „rites de passage", zu den Übergangsritualen. Sie will uns den Übergang von der Gesundheit zur Krankheit und den Übergang vom Leben zum Tod bestehen helfen. Jeder Übergang macht Angst. Übergangsrituale hatten in der Religionsgeschichte immer die Bedeutung, die Angst vor dem Neuen zu bannen und im Menschen neue Kräfte zu wecken, damit er den Übergang bestehen könne. Jede Schwelle ist auch eine Gefährdung. Für die Alten war der Übertritt einer Schwelle immer mit Angst besetzt. Daher gab es viele Schwellenrituale. Der hl. Christophorus galt im Mittelalter als der Schwellenheilige. Er wurde beim Portal der Kirche überlebensgroß an die Seitenwand gemalt, damit die, die ihn anschauten, die Schwellen gut überschreiten konnten, ohne daß ihnen die Kraft weggezogen wurde. Wie sollen wir nun die Krankensalbung als Übergangsritual verstehen?

Der Übergang von der Gesundheit zur Krankheit ist nicht selbstverständlich. Die deutschen Bischöfe, die im Jahre 1975 den Ritus der Krankensalbung herausgegeben haben, sprechen in ihrer Einführung von der Krankheit als einer „Erschütterung des gesamtmenschlichen Befindens" (Die Feier der Krankensakramente 22). Der Mensch wird durch die Krankheit verunsichert. Sein Lebensgebäude bekommt einen Riß. Der Kranke „wird herausgerissen aus seinem gewohnten Leben, aus seiner Sicherheit in Beruf und Gesellschaft. Die Erfahrung des Leistungsschwundes, der Isolierung, der Angst, verbunden mit Schmerzen körperlicher und seelischer Art, kann tiefe Niedergeschlagenheit, Ausweglosigkeit, Krisen, ja Verzweiflung auslösen." (Ebd. 17) Der Mensch spürt seine Hilflosigkeit. Und in jeder Krankheit erfährt er auch die Gefährdung seines Lebens. Er hat keine Garantie, durch gesunde Ernährung und gesunde Lebensweise so alt zu werden, wie er sich das einmal erträumt hat. Der Tod kann sich auch in einer harmlos erscheinenden Krankheit anmelden. Die Krankheit zwingt den Menschen zum Nichtstun. Alle Termine, von denen er meinte, sie seien wichtig und ohne sie würde das Leben nicht funktionieren, muß er absagen. Seine Pläne, für sich persönlich, in seinem Beruf, in seiner Familie, muß er zurückstecken. Er weiß nicht, ob sie jemals realisiert werden können.

In dieser Situation existentieller Erschütterung begegnet ihm im Sakrament der Krankensalbung Jesus Christus als der, der selbst gelitten hat. Von Jesus wird nicht erzählt, daß er krank gewesen ist. Aber in seiner Passion werden uns archetypische Bilder vor Augen gehalten, die uns die Stationen der Krankheit deuten. In der Krankheit erfahren wir ein Ausgestoßenwerden aus dem „Club" der Gesunden und Starken. Wir fühlen uns unverstanden, einsam, abgelehnt, vergessen. Wir erleben wie Jesus in seiner Passion Schmerzen, die wir kaum aushalten können. Und wir erleben uns angesichts des drohenden Todes.

Aber in der Krankensalbung begegnen wir nicht nur dem leidenden Jesus, sondern ebenso dem Arzt Jesus, der Kranke geheilt hat. Jesus hat sich in besonderer Weise den Kranken zugewendet. Wenn er einen Kranken sah, so heißt es häufig, daß er sich seiner erbarmte. Das griechische Wort für Erbarmen (splanchnizomai) meint, daß sich Jesus „bis in die Eingeweide“ von ihrer Krankheit betreffen ließ, daß er sie nicht als Objekt behandelte, sondern sie bei sich eintreten ließ und mit ihnen fühlte. Die Kirchenväter verstehen das Sakrament so, daß uns darin die Hand des geschichtlichen Jesus berührt. Im Sakrament der Krankensalbung schaut uns Jesus an, wie er den Gelähmten am Teich von Betesda angesehen hat. Er versteht uns. Er spürt, wie es uns geht. Er hat Mitleid, er fühlt mit uns. Er berührt uns, damit wir mit den inneren Quellen der göttlichen Kraft in Berührung kommen, die uns zu heilen vermag. Aber er behandelt uns nicht nur zärtlich und verständnisvoll wie den Taubstummen oder den Aussätzigen. Er konfrontiert uns auch mit unserem eigenen Willen: „Willst du gesund werden?“ (Joh 5,6) Will ich wirklich kämpfen, gesund zu werden? Oder habe ich mich mit meiner Krankheit eingerichtet? Bietet sie mir nicht auch einen Vorteil, mich einfach gehen zu lassen, die Verantwortung abzulegen und mich umsorgen zu lassen? Und Jesus kann mich herausfordern: „Steh auf, nimm deine Bahre und geh!“ (Joh 5,8) Er will die Kraft wecken, die in mir steckt.

Jesus begegnet mir als der heilende Arzt. Aber ich habe nicht die Garantie, daß er mich auch körperlich heilt. Ich kann die Heilung nicht durch meinen Glauben erzwingen. Und auch der Priester kann durch die Sakramentenspendung die Heilung nicht automatisch bewirken. Es ist immer ein Wunder, wenn Heilung geschieht. Ich darf auf das Wunder hoffen. Aber zugleich soll ich mich auf Jesus, den wahren Arzt für Leib und Seele, einlassen. Ich soll mich von ihm fragen lassen: „Was willst du, daß ich dir tun soll?“ (Mk 10,51) Was ist meine tiefste Sehnsucht? Ist es die Heilung meiner Krankheit, ist es das Verschwinden der Krankheitssymptome, oder ist es die Heilung meiner Seele, die innere Stimmigkeit, das Einssein mit Gott? Was würde mich einen Schritt weiter in meine innere Wahrheit führen? Was könnte meinen inneren Frieden bewirken, daß ich mit mir selbst in Einklang komme? Das Sakrament der Krankensalbung ist die leibhafte Begegnung mit Jesus Christus. Er sieht mich an, spricht mich an, berührt mich zärtlich, salbt mich mit dem Öl als Zeichen seiner heilenden Liebe, er zeichnet mir das Kreuz auf die Stirn und auf die Hände, er prägt mir seine todüberwindende Liebe ein, so daß ich sie körperlich wahrnehmen kann. Diese leibhafte Begegnung mit dem heilenden Jesus vermag meine Krankheit zu verwandeln. In der Tiefe meines Herzens beginnt ein Prozeß der Verwandlung und des Heilwerdens. Und ich darf darauf vertrauen, daß dieser Prozeß sich auch leibhaft auswirken wird.

Die mütterliche Liebe Gottes

Auch wenn früher die Krankensalbung einseitig als Letzte Ölung gesehen worden ist, so darf der Aspekt der Einübung in den Tod nicht außer acht gelassen werden. Die Krankensalbung darf den Tod nicht verdrängen. Sie darf dem Kranken nicht einseitig Hoffnung machen, daß seine Krankheit geheilt wird und daß er sich noch lange des Lebens erfreuen darf. Die Krankheit ist in gewisser Weise immer „Krankheit zum Tode“. In der Krankensalbung werden wir eingeführt in das Geheimnis des Übergangs vom Leben zum Tod. Christus, der den Tod überwunden hat und auferstanden ist, schenkt uns die Gewißheit, daß er uns durch die Pforte des Todes begleiten wird. Er wird uns seinen Engel schicken, damit er uns sicher über die Schwelle des Todes geleite. Christus nimmt uns die Angst vor dem Tod. Die zärtliche Salbung mit Öl nimmt dem Tod das Harte und Grausame. Die Salbung mit Öl hat etwas Liebevolles, Frauliches, Mütterliches an sich. Nicht umsonst war es eine Frau, die Jesus gesalbt hat. Jesus verteidigt diese Frau gegen die Einwände eines seiner Jünger: „Laß sie, damit sie es für den Tag meines Begräbnisses tue.“ (Joh 12,7) Als Marta Jesus die Füße salbt, zeigt sie ihm ihre Liebe, die über den Tod hinaus geht. Wenn er mit seinen Füßen die Schwelle des Todes überschreiten wird, soll er an ihre Liebe denken, die mit ihm geht. Seit jeher hat die Kirche den Tod mit dem mütterlichen Gott in Verbindung gebracht. Maria, die den toten Sohn in ihrem Schoß hält, war über Jahrhunderte hinweg das Hoffnungsbild der Christen. Wir werden im Tod nicht in die Kälte und Dunkelheit hineinfallen, sondern in die Wärme der mütterlichen Arme Gottes. Sterben hat mit der Mutter zu tun. Denn Sterben ist Neugeborenwerden.

Der zärtliche Ritus der Krankensalbung will uns Hoffnung auf Heilung unserer Krankheit schenken, aber uns zugleich die Angst vor dem Tod nehmen. Er verdrängt den Tod nicht. Er stellt ihn als Möglichkeit vor Augen. Aber entscheidend ist, daß wir in der Krankheit, in der Gesundheit und im Tod von Gottes zärtlicher Liebe umgeben sind. Die

Krankheit als Verunsicherung unserer Existenz macht uns für diese Hoffnung sensibel. Damit wir die Krankheit und die Möglichkeit unseres Todes nicht verdrängen, brauchen wir die Erfahrung der liebevollen Berührung Jesu und der Begegnung mit Jesus, dem Arzt und dem, der durch den Tod zur Auferstehung geschritten ist. Anselm von Canterbury hat von Jesus als unserer Mutter gesprochen. In der Krankensalbung begegnen wir Jesus als dem väterlichen und mütterlichen Menschen, als dem, der uns mit seiner männlichen Kraft erfüllt und uns zugleich mütterlich in seine Arme nimmt. Die Begegnung mit Jesus Christus stärkt uns, damit wir den Übergang von der Gesundheit zum Kranksein und vom Leben zum Tod angstfrei und vertrauensvoll bewältigen. Die Begegnung mit Christus schenkt uns die Gewißheit, daß wir uns im Übergang von dieser Welt in die andere von Gottes mütterlicher Liebe eingehüllt wissen.

II. Der Ritus der Krankensalbung

Die wichtigsten Elemente beim Ritus der Krankensalbung sind: das schweigende Handauflegen und die Salbung mit geweihtem Olivenöl. Doch dieser Ritus soll eingebettet sein in einen kleinen Wortgottesdienst. Die Krankensalbung kann in einem kleinen Kreis, der sich um den Kranken herum bildet, gefeiert werden oder auch als gemeinsamer Krankengottesdienst mit der Salbung derer, die dieses Sakrament wünschen. Beim gemeinsamen Gottesdienst bietet es sich an, ihn als Eucharistie zu feiern.

Segnung mit geweihtem Wasser

Das Ritual sieht vor, daß der Priester den Kranken und die Anwesenden begrüßt (vgl. Die Feier der Krankensakramente). Nach der Begrüßung kann er, wo es angemessen ist, Weihwasser nehmen und den Kranken und das Zimmer besprengen. Als begleitende Worte werden empfohlen: „Dieses geweihte Wasser erinnere uns an den Empfang der Taufe und an Christus, der uns durch sein Leiden und seine Auferstehung erlöst hat." In diesem kleinen Ritus kommt zum Ausdruck, daß Taufe und Krankensalbung zusammengehören. Nach Greshake ist die Krankensalbung „die Tauferneuerung in einer Situation, die den Menschen mit den von ihm selbst nicht zu bewältigenden Grenzen seines Lebens konfrontiert" (Greshake 422). Das Weihwasser erinnert den Kranken daran, daß er in der Taufe in die Gemeinschaft mit Christus aufgenommen, daß er gleichsam mit Christus zusammengewachsen ist. So wird er auch die Krankheit in Gemeinschaft mit Christus bestehen. In der Taufe haben wir schon die Schwelle des Todes überschritten. Der Tod hat keine Macht mehr über uns. Wir sind in der Taufe mit Christus begraben worden und mit ihm auferstanden. (Vgl. Röm 6) Das Weihwasser, mit dem der Priester nicht nur den Kranken, sondern auch das ganze Zimmer besprengt, will dem Kranken sichtbar vor Augen führen, daß er in einem heiligen Raum liegt, in einem Raum, der erfüllt ist vom Heiligen Geist. Nur das Heilige kann wahrhaft heilen. Der Kranke soll durch das Weihwasser in Berührung kommen mit der inneren Quelle, die in ihm sprudelt, mit der Quelle des Heiligen Geistes, die ihn durchströmt und ihn zu heilen vermag.

Der Priester erklärt den Sinn des Sakraments

In einer kurzen Ansprache erklärt der Priester den Sinn des Sakraments. Er erinnert daran, daß zur Zeit Jesu die Leute ihre Kranken zum Meister brachten, damit er ihnen die Hände auflege und sie heile. Jesus Christus ist jetzt unter uns. Er ist der eigentlich Handelnde. In seinem Namen und in seiner Kraft werden alle, die hier versammelt sind, für den Kranken beten. Schon Jakobus hat der christlichen Gemeinde aufgetragen, die Ältesten sollten den Kranken besuchen, für ihn beten und ihn im Namen des Herrn mit Öl salben. Es ist wichtig, daß der Sakramentenspender schon in der Einleitung Worte findet, die etwas von der heilenden Atmosphäre widerspiegeln, die Jesus ausgestrahlt hat. Die Worte müssen Beziehung stiften. Sie dürfen nicht einfach abgelesen werden. Worte wollen ansprechen, das Herz des Kranken erreichen. Von Jesus heißt es, daß er die gekrümmte Frau angesehen und zu sich gerufen hat. (Lk 13,12) Er hat so mit ihr gesprochen, daß sie sich aus ihrer Isolierung hervorlocken ließ und zu ihm kam. Erst dann konnte er sie ansprechen: „Frau, du bist von deinem Leiden erlöst." Die Worte der Heilung können nur in einer heilenden Atmosphäre gesprochen werden, nicht in dem frostigen Klima formalistischer Kälte.

Das Schuldbekenntnis

Der Ritus sieht dann das Schuldbekenntnis vor, das nicht nur der Kranke, sondern alle Versammelten gemeinsam mit ihm sprechen. Statt des Schuldbekenntnisses kann der Priester den Kranken und die um ihn stehenden Verwandten einladen, in einem kurzen Schweigen die Schuld Gott hinzuhalten in dem Vertrauen, daß Gott uns alle Schuld vergibt, daß er uns bedingungslos annimmt. Da viele Kranke von Schuldgefühlen geplagt werden, daß sie vielleicht selbst an ihrer Krankheit schuld seien oder daß ihre Krankheit gar eine Strafe Gottes sein könnte, ist es sinnvoll, auf die Vergebung Gottes hinzuweisen. Es hat keinen Zweck, in sich zu bohren, wo man nun schuldig sei. Weder Beschuldigen noch Entschuldigen hilft weiter. Wir sollen unsere Schuld Gott hinhalten, ohne sie selber zu bewerten, einfach in dem Vertrauen, daß wir von Gott mit all unseren Umwegen und Irrwegen angenommen sind, daß Gottes Liebe stärker ist als alles, was uns von ihm trennen möchte.

Die frohe Botschaft

Daraufhin liest der Priester das Evangelium vor. Das Rituale empfiehlt verschiedene Texte, vor allem die Heilungsgeschichten, aber auch die Seligpreisung oder die Perikope vom Seesturm oder die Einladung Jesu: „Kommt alle zu mir, die ihr euch plagt und unter Lasten stöhnt! Ich werde euch Ruhe verschaffen.“ (Mt 11,26) Statt des Evangeliums könnte auch die tröstliche Lesung aus Jesaja 35,1-10 gelesen werden, Texte aus der Apostelgeschichte (Apg 3,1-10; 4,8-12) aus dem Römerbrief (Röm 8,14-17; 8,18-27; 8,31-39) oder aus anderen neutestamentlichen Briefen. Es braucht eine große Sensibilität, um den richtigen Text auszusuchen und ihn dann so auszulegen, daß der Kranke sich angesprochen und ermutigt fühlt. Die Worte der kurzen Ansprache dürfen nicht belehrend sein. Sie sollen das Herz des Kranken und der Angehörigen trösten und aufrichten.

Die Fürbitten

Auf die Ansprache folgen die Fürbitten. Es ist angebracht, daß der Priester die versammelten Gläubigen dazu einlädt, ihre Anliegen, ihre Wünsche und Bitten laut zu sagen. Auf diese Weise kann eine Gebetsatmosphäre entstehen, die dem Kranken Hoffnung schenkt. Vielleicht spürt der Kranke dann, daß das Gebet seiner Angehörigen ihn wie eine schützende Hülle umgibt, daß von den betenden Menschen Wärme und Liebe zu ihm strömen. Er steht mit seiner Krankheit im Mittelpunkt. In den Fürbitten können die Gefühle ausgedrückt werden, die sonst nie zur Sprache kommen würden. Das entlastet die Umstehenden und tut dem Kranken gut. Er spürt, daß die Menschen sich um ihm sorgen und daß sie ihn lieben und für ihn hoffen. Wenn sich keiner traut, laut eine Fürbitte zu sagen, dann ist es angemessener, die Freunde zu einem stillen Gebet einzuladen. Das stille Gebet kann dann auch eine dichte Atmosphäre der Hoffnung und Liebe entstehen lassen, in der sich der Kranke aufgehoben fühlt.

Die Handauflegung

Nach den Fürbitten beginnt die im engen Sinn sakramentale Feier. Der Priester legt dem Kranken schweigend die Hände auf, und zwar auf den Kopf. In dieser schweigenden Handauflegung kann der Priester das Gebet der Gläubigen zusammenfassen. In der Handauflegung erfährt der Kranke das Gebet leibhaft. Er spürt die Wärme, die von der Hand ausgeht, und er kann sich vorstellen, wie Christus selbst ihm seine liebenden Hände auflegt und den Heiligen Geist auf ihn herabruft. Gerade dieses schweigende Gebet bei der Handauflegung ist für die Krankensalbung angemessen. Denn oft sind Worte mißverständlich und können den Kranken verletzen, wenn sie nicht auf seine persönliche Situation eingehen und zu leichtfertig über seine Befindlichkeit hinweggehen. Die Handauflegung kann eine dichte Atmosphäre schaffen und zugleich etwas von der zärtlichen Liebe Gottes vermitteln. Sie ist eine Schutzgebärde. Sie eröffnet einen Raum, in dem sich der Kranke von Gottes heilender und liebender Nähe geschützt weiß. In diesem Schutzraum des Gebetes kann sich der Kranke seiner eigenen Wahrheit stellen. Er weiß, daß er auch in seiner Krankheit unter Gottes Schutz steht, daß Gott seine schützende und liebende Hand über ihn hält und ihn in seinen guten Händen geborgen hält. Ich lade dann auch die Umstehenden ein, dem Kranken gemeinsam mit mir die Hand aufzulegen, entweder auf den Kopf, so daß er von liebenden Händen umgeben ist, oder auf die Schulter oder Hände. So kann die Kraft des schweigenden Betens, die Liebe Gottes und die Liebe und das Wohlwollen der Menschen in den Leib des Kranken strömen.

Die zärtliche Salbung mit Öl

Nach der Handauflegung spricht der Priester ein Dankgebet über das Öl. Er preist Gott für sein heilendes Wirken in seinem Sohn Jesus Christus und durch den Heiligen Geist. Ich weise dann gerne auf die Symbolik des Öles hin. Das Olivenöl, das für die Krankensalbung verwendet wird, hat reinigende Kraft. Es will das Herz des Kranken von allem rein waschen, was es trübt und befleckt. Es ist Bild für Fruchtbarkeit und Lebenskraft. Denn der Olivenbaum ist sehr widerstandsfähig und kann viele hundert Jahre alt werden. So wünsche ich dem Kranken, daß er durch die Salbung mit heiligem Öl widerstandsfähig wird gegen die Krankheit. Und das Öl ist Zeichen des Sieges, des Friedens und der Versöhnung. Der Kranke möge über die Krankheit siegen und inneren Frieden erfahren. Und er möge sich aussöhnen mit sich und seinem Leben, gerade auch mit seiner Krankheit, gegen die er innerlich rebelliert. Nur der Versöhnte kann heil werden und gesund. Das vom Rituale vorgesehene Gebet läßt etwas von dieser Symbolik anklingen: „Herr, schenke deinem Diener (deiner Dienerin), der (die) mit diesem heiligen Öl in der Kraft des Glaubens gesalbt wird, Linderung seiner (ihrer) Schmerzen und stärke ihn (sie) in seiner (ihrer) Schwäche.“

Nach dem Gebet salbe ich den Kranken auf der Stirn und auf den Händen. Bei der Salbung auf der Stirne spreche ich: „Durch diese heilige Salbung helfe dir der Herr in seinem reichen Erbarmen, er stehe dir bei mit der Kraft des Heiligen Geistes. Amen.“ Bei der Salbung auf den Händen: „Der Herr, der dich von Sünden befreit, rette dich, in seiner Gnade richte er dich auf. Amen.“ Im Mittelalter hat der Priester alle fünf Sinne gesalbt. Heute sind nur Stirn und die Innenflächen der Hände vorgesehen. Die Bischöfe des deutschen Sprachgebietes interpretieren in ihrer Einführung diese Salbung so, daß sie den Menschen meint „in seiner Ganzheit als denkende und handelnde Person“ (Die Feier der Sakramente 24). Die Stirn ist nach Johannes Chrysostomus der edelste Teil des Menschen. Für Chrysostomus verweist die Stirn auf den Geist, mit dem der Mensch sich auf Gott hin öffnet und mit dem er seine Triebe und Emotionen lenkt. Die Hände sind Bild für sein Handeln. Mit den Händen packen wir die Probleme unseres Alltags an. Wir arbeiten mit ihnen, aber wir berühren auch einander. Wir geben dem andern die Hand. Wir streicheln ihn zärtlich. So stehen die Hände für unsere Beziehungen und für alles, was unseren Alltag ausmacht. Wenn der Kranke die Hände öffnet, damit der Priester sie segnet, drückt er damit aus, daß er sich nicht krampfhaft an seiner Gesundheit festhält, sondern daß er sich in Gott hinein ergibt und bereit ist, von ihm mit leeren Händen das Geschenk der Heilung zu empfangen.

Das Salben ist ein zärtliches Tun. Daher salbe ich behutsam und liebevoll Stirne und Hände des Kranken. Manche zeichnen mit dem Öl nur ein Kreuz auf die Stirne und auf die Hände. Sinnvoller ist es, die ganzen Hände zu salben. Wo die

Krankheit genau lokalisierbar ist, ist es auch angemessen, diesen Körperteil zu salben. Dabei kann der Priester auch mit persönlichen Worten um Heilung beten. Manche Priester fügen dem Krankenöl ein paar Tropfen Rosenöl bei, damit es auch einen Wohlgeruch erzeuge. Das Salben ist ein sinnlicher Akt. Daher sollte auch der Geruchssinn in guter Weise angesprochen werden. In der behutsamen Salbung durch den Priester verdichtet sich die liebevolle Zuwendung der Gläubigen, die um das Bett herum stehen. Und der Kranke erfährt, daß er getragen ist vom Gebet der Freunde und daß Christus selbst sich ihm zuwendet. In der Salbung kann er sich vorstellen, daß Christus selber ihn mit seinen heilenden und liebenden Händen berührt. Wenn Christus seine Stirn salbt, darf er hoffen, daß er weiterhin klar denken kann, daß er geistig nicht verwirrt wird. Wenn seine Hände gesalbt werden, drückt sich darin die Verheißung aus, daß er wieder handlungsfähig wird, daß er sein Leben wieder selbst in die Hand nehmen darf und daß diese Hände zu Quellen des Segens werden für andere.

Das Gebet für den Kranken

Danach spricht der Priester ein Gebet für den Kranken. Dabei stehen ihm verschiedene Gebete zur Verfügung, je nachdem in welcher Situation der Kranke sich befindet, ob er altersschwach ist, sich in großer Gefahr befindet oder im Todeskampf liegt. Ich kann mich an die vorgegebenen Gebete halten oder mit persönlichen Worten für den Kranken beten, daß die Salbung mit Öl ihn (sie) stärke, aufrichte und mit Gottes Liebe erfülle. Dann lade ich alle zum Vaterunser ein. Ich schlage vor, daß wir uns an den Händen fassen, damit wir einen Kreis des Gebetes um den Kranken bilden. Dann können wir die Kraft des Gebetes spüren, die durch uns hindurchströmt und einen Schutzkreis um den Kranken bildet. Oder wenn ich es für angemessener halte, lade ich die Angehörigen ein, die Hände zur leeren Schale zu öffnen, damit wir unsere ganze Sehnsucht nach dem Reich Gottes und Gottes Heil in das gemeinsame Vaterunser hineinlegen. Wenn der Kranke kommunizieren möchte, wäre nach dem Gebet des Herrn der geeignete Ort dafür. Die Kommunion wurde in der frühen Kirche als Arznei für Leib und Seele verstanden. In der Kommunion kann der Kranke Christus, den Arzt, leibhaft erfahren. So wie Jesus seine heilende Kraft auf die Kranken strömen ließ, so dringt in der Kommunion seine heilende Liebe in den Leib des Kranken ein.

Der Segen – Gutes sagen

Danach schließt der Priester mit dem Segen. Mir gefällt dabei die Segensformel am besten, die das Rituale als Alternative vorsieht: „Jesus Christus, der Herr, sei bei dir, dich zu beschützen. Er gehe vor dir her, dich sicher zu geleiten; er stehe hinter dir, dich zu schirmen. Er schaue dich gnädig an, bewahre dich und segne dich. Es segne dich (und euch alle, die ihr hier anwesend seid) der allmächtige Gott, der Vater und der Sohn und der Heilige Geist.“ Auch beim Segen lege ich dem Kranken noch einmal die Hände auf, damit er ihn mit allen Sinnen erfahren kann. Segnen (als Übersetzung von benedicere = Gutes sagen) heißt ja, dem Kranken alles erdenklich Gute von Gott her zusagen. Segnen kommt allerdings vom lateinischen „secare = schneiden, ritzen“. Dann meint Segnen, daß ich dem andern die Liebe Gottes leibhaft einritze, daß ich sie hineinzeichne in seinen Leib. Dazu muß ich den Leib berühren. Wenn ich die Segensworte spreche, lege ich dem Kranken die Hände auf den Kopf. Bei den letzten Worten zeichne ich dann mit dem Daumen das Kreuz auf seine Stirn, auf seinen Mund und auf seine Brust. Auf diese Weise kann er leibhaft erfahren, daß Gottes heilende Liebe ihn berührt und daß das Gute, das ich ihm im Namen Gottes sage, in sein Denken, Sprechen und Fühlen hineingeschrieben wird, um es zu verwandeln.

Gemeinsame Krankengottesdienste

Die Krankensalbung kann nur einzelnen gespendet werden. Ihre Feier kann aber auch in Gemeinschaft abgehalten werden. Dabei gibt es zwei verschiedene Formen: die Krankensalbung innerhalb eines Wortgottesdienstes oder innerhalb einer Eucharistiefeier. Das Rituale sieht die gemeinsame Krankensalbung vor allem bei größeren Gottesdiensten wie z.B. im Rahmen einer Wallfahrt oder bei Versammlungen von Krankenvereinigungen vor und auch für Krankengottesdienste in der Pfarrei. In den letzten Jahren haben viele Pfarreien es zur regelmäßigen Einrichtung gemacht, einmal im Jahr einen Krankengottesdienst zu halten. Das ist ein guter Weg, die Sorge der Kirche für die Kranken zum Ausdruck zu bringen. Den deutschen Bischöfen ist es allerdings ein Anliegen, daß bei einem Krankengottesdienst nicht einfach alle das Sakrament der Krankensalbung empfangen, sondern daß jeder, der es möchte, sich beim Priester anmeldet und von diesem darauf vorbereitet wird. Zumindest sollte in der Vorbereitung auf die gemeinsame Krankensalbung der Sinn dieses Sakraments dargelegt werden. Und bei der Feier sollte deutlich werden, daß Christus selbst im Sakrament die Kranken berührt und mit seiner heilenden Kraft erfüllt. Wenn die Krankensalbung in einer Eucharistiefeier gespendet wird, ist es sinnvoll, daß alle Texte und Gesänge auf das Thema Kranksein und Heilwerden, Bewältigung der Krankheit und Gotteserfahrung in der Krankheit ausgerichtet sind. So werden nicht nur die Kranken angesprochen, sondern auch die Gemeinde. Die Kranken sind eine Herausforderung für die Gesunden, daß sie sich der Möglichkeit ihres Krankwerdens stellen.

Neben der gemeinsamen Feier der Krankensalbung gibt es in manchen Gemeinden auch Segnungsgottesdienste für Kranke. Alle diese Versuche zeigen, daß die Gemeinden die Kranken wenigstens einmal im Jahr in den Mittelpunkt stellen möchten. Sie sollen nicht abgeschoben und nur von einigen dazu Ausersehenen betreut werden. Die Sorge für die Kranken ist Aufgabe der ganzen Gemeinde. Wie immer der Krankengottesdienst gestaltet wird, mit Segnung der einzelnen, mit Salbung oder im eigentlichen Sinn als Sakrament der Krankensalbung, entscheidend ist, daß die Kranken die liebende Zuwendung der Gemeinde und durch ihr Gebet Trost und Stärkung erfahren. Im Sakrament der Krankensalbung wird sichtbar, daß Christus selbst der wahre Arzt ist. Wie Jesus vor zweitausend Jahren Kranke geheilt hat, so wendet er sich auch heute den Kranken zu. Wenn sie seine Zuwendung gläubig annehmen, dürfen sie vertrauen, daß sie Heilung erfahren, in ihrer Seele und Heilung an ihrem Leib.

III. Leben aus der Krankensalbung

Das Sakrament der Krankensalbung zeigt uns, daß die Krankheit zum Ort der Gotteserfahrung werden kann. Wenn Jesus Kranke heilte, war das für ihn Ausdruck für das Kommen des Reiches Gottes. Gott ist der heilende Gott. Die Überwindung der Krankheit war ein Zeichen für Gottes Herrschaft. Gott möchte das Heil der Menschen. Das bezieht sich nicht nur auf das ewige Heil, sondern auch auf die Heilung von Krankheit und Gebrechen. Als die Jünger des Johannes ihn fragen, ob er der Messias sei, der Gottes Herrschaft bringen wird, da antwortet er ihnen: „Geht und berichtet Johannes, was ihr hört und seht: Blinde sehen wieder, und Lahme gehen; Aussätzige werden rein, und Taube hören; Tote stehen auf, und den Armen wird das Evangelium verkündet." (Mt 11,4f) Was Jesus getan hat, das sollen auch seine Jünger tun. Daher sendet er sie aus, Kranke zu heilen. Die Krankensalbung ist Erfüllung seines Heilungsauftrages. So sehe ich zwei Aufgaben, um das Sakrament der Krankensalbung in unser Leben zu integrieren. Da ist einmal der Aufruf, daß wir alle dazu berufen sind, einander zu heilen. Und zum anderen ist es die Herausforderung, mit unserer Krankheit geistlich umzugehen, sie als spirituelle Aufgabe zu sehen.

Der Heilungsauftrag des Christen

In den letzten Jahrzehnten hat die Krankenhausseelsorge einen neuen Stellenwert in der christlichen Pastoral bekommen. Krankenhausseelsorger erfahren eine eigene Ausbildung. Sie wissen, daß es nicht genügt, nur einfach die Kranken zu besuchen und mit ihnen zu sprechen. Es braucht eine besondere Sensibilität, um ein Gespräch mit einem kranken Menschen zu führen. Denn die Situation des Kranken macht ihn auf der einen Seite offen für die Frage nach dem Sinn seines Lebens und nach Gott als dem letzten Ziel unseres Weges. Auf der anderen Seite ist der Kranke sensibel und kann leicht verletzt werden, wenn der Gesprächspartner ihn vertröstet oder ihm vorschnell den Sinn seiner Krankheit aufzeigen möchte. Er spürt genau, ob sich der andere wirklich seiner Krankheit stellt oder ob er sie sich mit frommen Worten vom Leib hält. Krankheit ist immer auch eine Krise des Glaubens. Viele Kranke stellen sich die Frage: Warum hat Gott das zugelassen? Wie kann Gott so grausam sein? Was ist das für ein Gott, dem ich bisher gedient habe? Habe ich mich in Gott getäuscht? Die Krankheit ist auch für den Seelsorger, der sich auf den Kranken einläßt, eine Herausforderung an seinen Glauben und an sein Gottesbild. Ich kann über Gott nicht mehr naiv reden, wenn ich am Bett einer krebskranken Mutter stehe. Da muß ich meine eigene Sprachlosigkeit zulassen und meinen Glauben in Frage stellen lassen.

Wir dürfen die Sorge um die Kranken aber nicht nur den Krankenhausseelsorgern überlassen. Es ist unser aller Aufgabe. Zunächst ist es die Aufgabe der Angehörigen. Da machen die Seelsorger die unterschiedlichsten Erfahrungen. Es gibt Angehörige, die ihre Verwandten im Krankenhaus besuchen und sich Zeit lassen für Gespräche. Sie reden nicht nur über Oberflächliches, sondern hören genau hin, was die Kranken ihnen sagen möchten. Andere kommen zwar oft, aber sie weichen dem Thema Krankheit aus. Sie erzählen, was daheim geschehen ist. Sie befriedigen die Neugier des

Kranken, aber nicht seine Sehnsucht nach wirklicher Begegnung. Andere haben Angst, den Schwerkranken zu besuchen. Sie wollen nicht mit dem Thema der Krankheit konfrontiert werden. Das Sakrament der Krankensalbung ist eine Herausforderung, so mit den Kranken umzugehen, wie es im Ritus des Sakramentes vorgesehen ist: ihnen die Hände aufzulegen und für sie zu beten, ihnen einen Schutzraum anzubieten, in dem sie über ihre Befindlichkeit offen sprechen können, sie zärtlich zu berühren, wie es in der Salbung geschieht, ihnen Hoffnung zu vermitteln, daß Gott sie in ihrer Krankheit sieht und daß die heilende Kraft Jesu auch ihre Krankheit zu wandeln vermag.

Wir Christen haben jedoch nicht nur den Auftrag, für die Kranken zu sorgen und für sie zu beten. Jesus sendet seine Jünger aus, um die Kranken zu heilen. Viele Christen meinen, daß sie das Heilen den Ärzten und Therapeuten überlassen müßten. Doch wenn wir die Worte Jesu ernst nehmen, sind wir alle in die Welt gesandt, um Kranke zu heilen. Und wenn wir den Auftrag haben, haben wir offensichtlich auch die Fähigkeit dazu. Doch wie sollen wir das verstehen? Es geht sicher nicht darum, daß wir als „Hobby-Heiler“ auftreten. Für mich bedeutet der Heilungsauftrag Jesu zum einen, daß wir der heilenden Kraft des Gebetes trauen, zum andern, daß wir mit unserem ganzen Sein eine heilende Ausstrahlung haben sollen. Unser Glaube darf nicht bei der Krankheit aufhören. Das intensive Gebet vermag Menschen zu heilen. Allerdings dürfen wir das Gebet nicht magisch verstehen. Wir dürfen dem andern keine Schuldgefühle vermitteln, wenn er durch das Gebet nicht gesund wird. Es liegt dann nicht an seinem mangelnden Glauben. Wir dürfen mit dem

Wunder der Heilung rechnen, aber wir müssen es Gott überlassen, wie er auf die Krankheit reagiert. Das Gebet ist kein Zaubermittel. Wir haben keine Gewißheit, daß Gott unsere Gebete so erhört, wie wir uns das wünschen. Er erhört sie immer. Aber sein Wille bleibt uns auch ein Geheimnis.

Wie kann man eine heilende Ausstrahlung gewinnen? Manche Menschen erleben wir als angenehm. Sie tun uns gut. Wir haben den Eindruck, in ihrer Nähe gesünder leben zu können. Andere machen uns krank. Sie stecken uns an mit ihrer Unzufriedenheit, mit ihrem ständigen Jammern und Klagen, mit ihrem Kritisieren und Schimpfen. Wir können unsere Ausstrahlung nicht von heute auf morgen verändern. Aber wir können doch an uns arbeiten, daß wir auf andere heilend wirken. Die erste Aufgabe besteht darin, daß wir uns mit uns selbst versöhnen und im Einklang mit uns selber leben. Wer mit sich im Frieden ist, von dem geht auch Frieden aus. Die zweite Aufgabe wäre, sensibel auf die Bedürfnisse des Kranken zu hören. Was ist seine tiefste Sehnsucht? Was braucht er? Was täte ihm gut? Aber wir sollten nicht nur sensibel auf Kranke reagieren. Es sollte immer, auch im Gespräch mit Gesunden, von uns etwas Heilendes ausgehen. In gewisser Weise haben wir alle die Gabe des Heilens empfangen. Der eine heilt durch seinen Humor, der andere durch sein Verständnis, durch seine Milde. Der eine spricht Worte, die das Herz berühren, der andere weckt Leben im andern, wenn er auf dem Klavier spielt oder wenn er ein Bild malt.

Das Sakrament der Krankensalbung will uns herausfordern, unsere Gaben wahrzunehmen und an ihre heilende Wirkung zu glauben. Was Gott uns geschenkt hat, das sollen wir bewußt einsetzen. Jeder von uns kann um sich eine heilende Atmosphäre schaffen. Aber er muß sich zuvor selbst heilen lassen. Er muß sich seinen Verletzungen stellen und sie in die heilende Liebe Gottes halten, damit er sie nicht weitergibt. Dann können gerade seine Wunden zu einer Quelle heilender Kraft werden. Die Griechen haben geglaubt, daß nur der verwundete Arzt zu heilen vermag. Nur wer sich seiner eigenen Wunden bewußt ist und wer die Verwandlung und Heilung seiner Wunden erfahren hat, ist fähig, andere zu heilen. Nur von solchen verwundeten Ärzten geht eine heilende Ausstrahlung aus. Sie allein vermitteln den Kranken die Hoffnung, daß sie gesund werden.

Bei einem Pfingstkurs ließ ich die Teilnehmer eine Karte ziehen, auf der eine Gabe des Heiligen Geistes stand. Ein Mann zog die Gabe des Heilens. Er erschrak und fragte, wie er das verstehen solle. Er könne doch nicht heilen. Die Teilnehmer ermutigten ihn. Er hätte eine heilende Ausstrahlung. Das würde man spüren. Sein Humor und seine Freundlichkeit täten einem gut. Dennoch spürte er die Ohnmacht, wie er mit seiner Frau umgehen sollte, die immer wieder von Depressionen heimgesucht wurde. Aber er glaubte, daß er nicht umsonst „die Gabe des Heilens“ gezogen habe. So ging er mit neuem Vertrauen nach Hause. Er wollte bewußt darauf achten, daß etwas Heilendes von ihm ausging. Er nahm sich nicht vor, seine Frau zu heilen. Denn er wußte, wie gefährlich es ist, sich mit dem archetypischen Bild des Heilers zu identifizieren. Damit würden wir uns überschätzen. Doch er vertraute darauf, daß auch von ihm etwas Heilendes ausgehen könnte, wenn er sich im Gebet immer wieder von Gottes heilendem Geist durchdringen lassen würde.

Die Krankheit als geistliche Aufgabe

Keiner von uns ist gefeit gegen Krankheit. Auch wenn wir noch so gesund leben, wenn wir auf eine ausgewogene Ernährung achten und uns genügend bewegen, haben wir keine Garantie, von Krankheit verschont zu werden. Wenn wir krank werden, dann ist es nicht nur unsere Aufgabe, zum Arzt zu gehen und alle medizinischen Möglichkeiten auszunutzen. Wir müssen uns mit der Krankheit auseinandersetzen. Wir haben sie als unsere Aufgabe zu sehen, an der wir wachsen können. Und wir sollen sie als geistliche Aufgabe verstehen. Doch worin besteht die geistliche Aufgabe der Krankheit?

Die Krankheit stellt mich in Frage – sie stellt mir viele Fragen. Die erste Frage ist die nach dem richtigen Leben: Weist mich meine Krankheit darauf hin, daß ich etwas übersehen habe, daß ich an meiner Wahrheit vorbeigelebt habe? Habe ich mich übernommen? Habe ich zuviel gearbeitet? Habe ich zuviel heruntergeschluckt? Habe ich wichtige Signale meines Leibes und meiner Seele überhört? Und was will mir die Krankheit sagen? Was sollte ich verändern? Wo sollte ich andere Akzente in meinem Lebenskonzept setzen? Worauf kommt es wirklich an in meinem Leben? Sollte ich langsamer treten, behutsamer und achtsamer leben? Was bedeuten mir meine Freunde, meine Familie? Wo habe ich sie vernachlässigt? Wie möchte ich mit ihnen umgehen, wenn die Zeit, die mir mit ihnen bleibt, begrenzt ist? Die Krankheit ist eine Chance, mein Leben zu überdenken und die Schwerpunkte anders zu setzen.

Die zweite Frage zielt auf die geistliche Dimension der Krankheit: Was ist Leben, wenn es begrenzt ist, wenn es verletzt ist? Worin besteht der Sinn meines Lebens? Was will

Gott mir durch die Krankheit sagen? Worauf setze ich? Die Krankheit zwingt mich, von manchen Illusionen Abschied zu nehmen. Ich erlebe meine Endlichkeit, meine Vergänglichkeit. Alles, was ich bisher geschaffen habe, relativiert sich. Ich kann die Krankheit nur in innerem Frieden bewältigen, wenn ich mich auf meine wahre Identität besinne. Was ist mein innerster Kern? Was ist mein wahres Selbst? Alles Äußere fällt weg. Der Leib funktioniert nicht mehr. Das Aussehen wird unansehnlich. So muß ich den Weg nach innen gehen und dort mein wahres Selbst entdecken. Bei aller äußeren Gefährdung und Schwächung gibt es in mir einen Raum, in dem ich heil bin und ganz. Es ist der Raum der inneren Stille, in dem Gott selbst in mir wohnt. In diesen Raum muß ich mich zurückziehen. Es ist eine Konzentration auf das Wesentliche. Alles andere fällt ab.

Es gibt auch noch andere Fragen, die in der Krankheit auftauchen: Warum habe ich solange an mir und meiner Wahrheit vorbei gelebt? Was bleibt, wenn ich sterben werde? Was ist die Essenz meines Lebens? Was ist die Spur, die ich eingegraben habe? So lädt mich die Krankheit ein, mir von neuem bewußt zu werden, was ich mit meinem Leben vermitteln möchte, was die eigentliche Botschaft ist, die ich den Menschen, die mir lieb sind, hinterlassen möchte. Alles, woran ich mich festgeklammert habe, muß ich loslassen. Ich muß meine Gesundheit loslassen. Ich muß Arbeit und Beruf loslassen und Menschen, die ich liebe. Die Krankheit isoliert mich, wirft mich auf mich selbst zurück. Das Tor des Todes muß ich einsam durchschreiten, auch wenn mich liebe Menschen auf meinem letzten Weg begleiten. Die Krankheit ist Einübung ins Sterben.

In der Krankheit zeigt sich, wie weit mich meine Spiritualität geprägt hat. Ich kenne Menschen, die viel meditiert haben und mir als geistliche Menschen erschienen. Doch in der Krankheit kam die ganze Empfindlichkeit durch. Da kreisten sie egozentrisch um sich selbst. Sie waren unzufrieden und wurden für ihre Pfleger ungenießbar und schwierig. Ich habe keine Garantie, wie ich als Kranker sein werde. Wenn die Schmerzen übergroß werden, weiß ich nicht, wie ich reagieren werde. Die Krankheit wird meine Seele offenbaren. Und zugleich lädt sie mich ein, alles, worauf ich mir etwas eingebildet habe, loszulassen. Ich muß die Illusion loslassen, daß ich in allen Situationen selbstbeherrscht und gelassen bin, daß ich auch in der Krankheit im Einklang bin mit mir selbst. Ich kann mich nur in meiner Ohnmacht in Gott hinein ergeben und ihn bitten, daß er mich in der Krankheit und durch sie hindurch führt. Die Krankheit demaskiert den Menschen. Ich kann nur darum beten, daß hinter meiner Maske keine Fratze sichtbar wird.

Die letzte Frage, die mir die Krankheit stellt, ist die Frage nach meinem Gottesbild: Wer ist für mich Gott? Welche Bilder von Gott hatte ich als Gesunder? Welche Gottesbilder tauchen jetzt in meiner Krankheit auf? War mein Gottesbild zu sehr von Projektionen bestimmt? Wer ist dieser Gott wirklich? Wie kann ich ihn verstehen, wenn er mir diese Krankheit zumutet? Kann ich in meiner Krankheit noch an die Liebe Gottes glauben? Bin ich bereit, mich diesem Gott anzuvertrauen? Glaube ich, daß mich seine gute Hand auch in der Krankheit hält, daß ich in allen Schmerzen von seiner liebenden und heilenden Nähe umgeben bin?

Dichter und ihr Umgang mit Krankheit

Viele Dichter sind an ihrer Krankheit gereift. Sie gingen jedoch sehr verschieden mit ihrer Krankheit um. Reinhold Schneider hatte von seinem Vater die Schwermut geerbt, aber er nahm die Krankheit an. Sie wurde zur Quelle seiner Dichtung. Und sie prägte sein Gottesbild. Es ist das Gottesbild des leidenden Christus. Seine Krankheit führte ihn zu der Erkenntnis: „Es ist das Paradox der Botschaft, daß wir in einem gewissen Sinn krank sein müssen, weil Er sonst nicht zu uns kommt; daß wir zugleich krank sind und geheilt werden. So ist Leibeskrankheit Heimsuchung der Gnade." (Cermak 37) Reinhold Schneider hat sich mit den beiden großen Denkern befaßt, die die Krankheit ähnlich sahen wie er: mit Blaise Pascal und Novalis. Pascal, der voller Leidenschaft und Ehrgeiz war, erfuhr die Krankheit als die Kraft, die ihn „aus den Fesseln der Welt befreit und zu Gott hinträgt" (Cermak 27). Novalis, der seines Lungenleidens wegen nur 29 Jahre alt wurde, pries seine Krankheit als Zeichen göttlicher Auserwähltheit: „Krankheiten zeichnen den Menschen vor den Tieren und Pflanzen aus. Zum Leiden ist der Mensch geboren. Je hilfloser, desto empfänglicher für Moral und Religion. Je erzwungener das Leben ist, desto höher." (Cermak 214)

Andere Dichter wie Heinrich Heine, Maxim Gorki und Leo Weismantel protestieren gegen ihre Krankheit. Heinrich Heine kann sich mit seiner Krankheit absolut nicht versöhnen. Im Gegenteil, seine Qualen machen ihn reizbar, führen ihn zu Selbsthaß und zum Haß auf andere. Maxim Gorki verspottet das Leiden. Er will es einfach nicht beachten. Er verachtet die Krankheit und kämpft gegen sie ein Leben lang. Dennoch hat sie ihn besiegt. Leo Weismantel beachtet seine Krankheit nicht. „Ich tat, als sei ich gesund.“ (Cermak 58) Er ignoriert seine Krankheit. Sein Werk ist ihm wichtiger als das Jammern über die Krankheit. Er gibt sich ganz seinem Werke hin. Er entscheidet sich dafür, lieber kürzer, aber dafür intensiver zu leben. Die Hingabe an sein Werk erfüllt ihn mit tiefer Befriedigung. Der daraus resultierende „ausgeglichene und gehobene Gemütszustand wirkt sich günstig auf den Körperzustand aus“ (ebd. 58).

Der Arzt und Philosoph Karl Jaspers versucht, trotz seiner Krankheit „hochgemut zu leben“. Und Christian Morgenstern weigert sich, sich von der Krankheit bestimmen zu lassen. Er nimmt seine Lungenkrankheit zwar an, aber sie ist für ihn nur äußerlich. Sein Innerstes läßt er davon nicht berühren. Dennoch sieht er die Krankheit auch als Chance an: „Jede Krankheit hat ihren besonderen Sinn, denn jede Krankheit ist eine Reinigung, man muß nur herausbekommen wovon.“ (Ebd. 62) Er versucht, eine innere Distanz zu seiner Krankheit zu bekommen. Seine Frau Margarete schreibt, daß der Dichter trotz unsäglicher Leiden gelächelt habe, „mit jener alles lösenden und alles erlösenden reinen und schwebenden Heiterkeit, deren nur solche Menschen fähig sind, die in sich den sicheren Weg zur inneren Freiheit tragen.“ (Ebd. 64) Von sich selbst sagt Morgenstern: „Ich möchte den Satz aufstellen: Kein wahrhaft freier Mensch kann krank sein. Und was mich betrifft, so mögen's meine Werke von der ersten bis zur letzten Zeile bezeugen.“(Ebd. 68) Weil sich Morgenstern im Innersten gesund fühlte, konnte er der Krankheit standhalten, ohne sich von ihr bestimmen zu lassen.

So wie die Dichter und Denker jeweils anders auf ihre Krankheit reagieren, so gibt es auch für uns verschiedene Wege, mit ihr fertig zu werden. Wir können in der Krankheit eine Chance sehen, das Geheimnis unseres Menschseins und das Geheimnis Gottes tiefer zu ergründen. Wir können gegen sie rebellieren und das Beste aus unserem Leben herausholen. Oder wir können die Krankheit wahrnehmen, uns aber innerlich von ihr distanzieren, so daß wir uns von ihr nicht beherrschen lassen. Wie wir mit der Krankheit umgehen, hängt immer auch von unserem Charakter und unserer Lebensgeschichte ab. Aber in jedem Fall ist die Krankheit ein wichtiger Einschnitt. Sie demaskiert uns und zwingt uns, die eigene Wahrheit anzuschauen und ihr standzuhalten.

Liebe bis zum Tod

Das Sakrament der Krankensalbung lädt uns dazu ein, die Krankheit spirituell zu bewältigen. Was im Sakrament an uns geschieht, das sollten wir auch innerlich nachvollziehen. Für mich heißt das, daß ich meine Krankheit unter das Gebet stelle, ja, daß ich die Krankheit selbst zum Gebet werden lasse. Mein Gebet darf dabei verschiedene Stufen durchlaufen. Zunächst werde ich mit aller Inbrunst Gott bitten, daß er mich von der Krankheit befreien möge. Ich will noch gerne leben und bitte Gott darum, mich all das, was ich mir in meinem Leben erträumt habe, auch verwirklichen zu lassen. Dabei werde ich versprechen, mein Leben nach seinem Willen auszurichten, bewußter und achtsamer zu leben, auf das Wesentliche zu achten. Dann aber wird mein Gebet immer wieder die Bereitschaft signalisieren, daß sein Wille an mir geschehe, daß ich bereit bin, mich seinem Willen zu fügen. Im Gebet entsteht dann eine innere Distanz zu mir selbst, zu meinem Ego. Ich überlasse mich Gott.

Die dritte Stufe des Gebetes wird sein, daß die Krankheit selbst zum Gebet wird. Viele Kranke erzählen mir, daß sie gar nicht mehr beten können. Sie können sich nicht mehr konzentrieren. Die Schmerzen sind zu groß. Oder ihr Kopf ist einfach leer geworden. Dann wäre es die Aufgabe, daß die Krankheit selbst zum Gebet würde. Indem ich meine Krankheit annehme und mich als Kranker, der zu keinem vernünftigen Gedanken mehr fähig ist, Gott hinhalte, bete ich mit meiner ganzen Existenz. Ich bete nicht mehr gegen meine Krankheit an, sondern mit meiner Krankheit und in ihr und durch sie. Meine Krankheit wird dann für mich der Weg zu Gott. Sie führt mich immer tiefer in sein unbeschreibliches Geheimnis hinein.

Die Krankheit zum Gebet werden lassen

Die Handauflegung, die im Ritus der Krankensalbung vorgesehen ist, ist für mich ein Bild, daß ich mich mit meiner Krankheit unter Gottes gute Hand halte, daß ich weiß, daß ich in meinem Kranksein unter seinem Schutz stehe. Ich kann meine Krankheit nicht verstehen. Ich leide an ihr. Aber ich weiß mich trotzdem in ihr von Gott gehalten. So wie Reinhold Schneider sich in der Krankheit von Gottes Hand ergriffen wußte, so darf ich erahnen, daß Krankheit zum Ort der Gottesbegegnung werden kann. In meiner Krankheit erlebe ich leibhaft, daß Gottes Hand mich ergriffen hat, um mich für sich aufzubrechen und um mich an sich zu drücken.

Die Salbung mit Öl wird zum Gleichnis, daß Gottes heilende Liebe in mich und in meine Wunden einströmt. Wenn die Schmerzen zu stark werden, kann ich mir vorstellen, daß Gottes Liebe in sie hineinfließt und sie lindert. Gottes Liebe kann meine Krankheit heilen. Aber ich darf nicht darauf fixiert sein, daß ich dadurch von allen Symptomen befreit werde. Vielleicht geschieht die Heilung auch nur in meiner Seele. Auf jeden Fall werde ich meine Krankheit anders erleben, wenn ich sie immer wieder der zärtlichen Liebe Gottes hinhalte, wenn ich mir vorstelle, daß Christus selbst mich liebevoll mit dem Öl seiner Milde salbt. Wer die Schmerzen nur als feindlich erlebt, der kann manchmal daran irre werden. Er wird in seiner Krankheit bitter und hart. Öl hat etwas Weiches an sich. Und Öl löst das Bittere auf. Olivenöl hinterläßt einen guten Geschmack im Mund. So bekommt die Krankheit einen anderen Geschmack, wenn ich sie von der Liebe Gottes wie von Olivenöl durchströmen lasse.

Das Öl, das für die Krankensalbung bestimmt ist, wird vom Bischof in der Karwoche geweiht. Das Sakrament der Krankensalbung läßt uns teilhaben am Geheimnis von Tod und Auferstehung Jesu. Es übt uns ein in die Hingabe Jesu am Kreuz. Jesus hat den gewaltsamen Tod am Kreuz verwandelt zum Höhepunkt seiner Liebe. Das Johannesevangelium verkündet uns, daß Jesus uns am Kreuz bis zur Vollendung geliebt hat. So ist die Krankensalbung auch eine Einladung, daß wir unsere Krankheit als Akt der Hingabe verstehen, als Teilhabe an der Passion Jesu. Wer seine Krankheit annimmt und sie für seine Brüder und Schwestern erleidet, der verwandelt sie zu einer Quelle des Segens. Er verwirklicht, was Paulus im Kolosserbrief schreibt: „Für den

Leib Christi, die Kirche, ergänze ich in meinem irdischen Leib das, was an den Leiden Christi noch fehlt." (Kol 1,24) Ältere Leute drücken das oft so aus: „Ich opfere mein Leiden für meine Kinder, für meine Familie." Wir tun uns heute schwer mit dieser Vorstellung, unsere Krankheit für andere aufzuopfern. Doch ich erlebe bei älteren Menschen, daß ihnen diese Haltung dabei hilft, ihre Krankheit anzunehmen. Denn so sehen sie in ihrer Krankheit noch einen Sinn. Sie erleben sich nicht hilflos. Sie können auch in ihrer Krankheit noch für andere etwas tun, für ihre Kinder und Enkelkinder. Auch wenn sie an den Schmerzen und an der Beeinträchtigung und Behinderung ihres Lebens leiden, so verwandeln sie das, was sie von außen her so hart trifft, doch in eine Geste der Liebe. Ich würde dieses „Aufopfern der Krankheit" anders ausdrücken: Ich möchte mich mit meiner Krankheit aussöhnen und sie in Solidarität mit den Menschen um mich herum annehmen. Ich möchte meine Krankheit nicht nur passiv erleiden, sondern sie in einen Akt der Hingabe verwandeln. Wenn mir das gelingt, dann ist das die größte Verwandlung, die ich in meinem Leben erfahren darf, dann hat Jesu Geist mein Herz verwandelt.

Ich darf vertrauen, daß Gott meine Krankheit heilt. Aber wenn ich spüre, daß es dem Ende zugeht und wenn der Arzt das durch seine Diagnose bestätigt, dann hat es keinen Sinn, krampfhaft am Leben festzuhalten. Dann ist die Krankensalbung zugleich Einübung ins Sterben. Die Hand Jesu, die mich im Sakrament berührt, lädt mich ein, alles loszulassen, meine Aufgaben, meinen Besitz, die Menschen um mich herum und schließlich mich selbst. Ich weiß dann, daß auch der Tod mich nicht aus der Hand Jesu reißt, sondern daß Jesu

Hand mich durch die Pforte des Todes hindurch geleitet, daß ich im Tod in Gottes mütterliche Arme fallen werde, die mich auffangen und an sich drücken. Dann werde ich für immer daheim sein, am Ende meiner Wünsche. Dann werden mir die Augen aufgehen und ich werde Gott schauen, wie er ist. Dann wird erfüllt, was Paulus den Korinthern schreibt: „Was kein Auge gesehen und kein Ohr gehört hat, was keinem Menschen in den Sinn gekommen ist: das Große, das Gott denen bereitet hat, die ihn lieben.“ (1 Kor 2,9)

Schluß

Das Sakrament der Krankensalbung ist nicht nur ein Ritus, den der Priester am Kranken vollzieht. In diesem Sakrament begegnet uns Christus, um uns am Geheimnis seines Lebens Anteil zu schenken. Da berührt uns Christus als der Arzt, der unsere Wunden zu heilen vermag. Da hält Christus seine liebende Hand über uns, damit wir uns im Schutzraum seiner Liebe einüben in das Geheimnis von Leben und Tod, in das Geheimnis von Christi Tod und Auferstehung. Was wir im Sakrament erfahren, das hat Auswirkungen auf unser Leben. Im Sakrament gipfelt die Sorge der Kirche für die Kranken. Die Kirche als die Gemeinschaft der Gläubigen ist gerade heute durch die Zunahme von alten und kranken Menschen verstärkt vor die Aufgabe gestellt, sich den Kranken zuzuwenden und ihnen in der „Erschütterung ihrer Existenz“ beizustehen. Wie eine Gemeinschaft mit Kranken und Alten umgeht, daran erweist sich ihre Qualität. Die Kirche erfährt sich daher gerade im Sakrament der Krankensalbung in ihrem Wesen als Gemeinschaft derer, die sich von Christus gesandt wissen, die Frohe Botschaft vom Reich Gottes zu verkünden und Kranke zu heilen.

Das Sakrament ist für den Kranken eine Einladung, in Gemeinschaft mit Christus seine Krankheit zu bestehen und sie als Chance zu sehen, das Geheimnis des Menschen vor Gott zu verstehen. In der Krankensalbung wird deutlich, daß jede Krankheit eine geistliche Aufgabe ist, daß sie letztlich nicht nur medizinische oder psychologische Betreuung verlangt, sondern eine spirituelle Begleitung, damit sie angenommen und verwandelt werden kann. Der Ritus der Krankensalbung zeigt, wie wir die Krankheit geistlich bestehen können. Es geht letztlich darum, die Krankheit in einen Akt der Hingabe und Liebe zu verwandeln und sie so zum intensivsten Gebet werden zu lassen, das uns möglich ist. All unser Beten kann nur einmünden in die Worte, mit denen Jesus selbst sein Leben in Gottes gute Hand übergab: „Vater, in deine Hände lege ich meinen Geist." (Lk 23,46)

Literatur

Die Feier der Krankensakramente. Die Krankensalbung und die Ordnung der Krankenpastoral in den katholischen Bistümern des deutschen Sprachgebietes, hrsg. im Auftrag der Bischofskonferenzen Deutschlands, Österreichs und der Schweiz und der Bischöfe von Bozen-Brixen und von Luxemburg, Freiburg 1975.
(Das offizielle „Rituale“ der katholischen Kirche für die Feier der Krankensalbung in deutscher Sprache.)

Ida Cermak, Ich klage nicht. Begegnungen mit der Krankheit in Selbstzeugnissen schöpferischer Menschen, Wien 1972.

Walter Grundmann, Das Evangelium nach Markus, Berlin 1984.

Reiner Kaczynski, Feier der Krankensalbung, in: Sakramentliche Feiern I/2, hrsg. v. Hans Bernhard Meyer, Regensburg 1992.

Gisbert Greshake, Krankensalbung, in: Lexikon für Theologie und Kirche, Freiburg 1997, 419-423.

Kardinal Lustiger, Stärkung fürs Leben. Über das Kranksein und das Sakrament der Krankensalbung, München 1991.

Franz Mußner, Der Jakobusbrief, Freiburg 1964.

Sakramente

Pater Anselm Grün erklärt die Sakramente.

Die Firmung – Verantwortung und Kraft
Format 16 x 21 cm, Hardcover,
60 Seiten, mit farbigen Abbildungen
ISBN 3-87868-149-6

„Was bringt mir das?", fragen sich viele Jugendliche, die vor der Entscheidung stehen, ob sie an der Firmung teilnehmen wollen. Anselm Grün wirft einen ungewöhnlichen Blick auf das Sakrament der Firmung. Er vergleicht die Firmung mit archaischen Initiationsriten und begreift sie als Chance, junge Menschen in die Kunst des Lebens einzuführen.

Die Trauung – Segen für das gemeinsame Leben
Format 16 x 21 cm, Hardcover,
64 Seiten, mit farbigen Abbildungen
ISBN 3-87868-147-X

Was geschieht bei der kirchlichen Trauung? Welche Bedeutung haben die einzelnen Rituale? Pater Anselm erklärt die Trauung. Er führt in ihr Wesen ein und gibt neue Impulse, wie das Sakrament der Ehe zum Segen für das gemeinsame Leben werden kann.

Die Taufe – Feier des Lebens
Format 16 x 21 cm, Hardcover,
64 Seiten, mit farbigen Abbildungen
ISBN 3-87868-146-1

Die Taufe war für die Menschen in der frühen Kirche ein beeindruckendes Ritual, das ihr ganzes Leben veränderte. Auch heute suchen viele Menschen den Zugang zu dem alten christlichen Ritual der Taufe. Pater Anselm Grün erklärt die Taufe und zeigt, wie wir heute aus der Wirklichkeit der Taufe unser Leben gestalten können.

Anselm Grün

Eucharistie

Verwandlung und Einswerden

Format 16 x 21 cm, Hardcover,
72 Seiten, mit farbigen Abbildungen
ISBN 3-87868-148-8

In der katholischen Kirche wird täglich das Sakrament der Eucharistie gefeiert. Doch immer weniger Menschen nehmen daran teil. Die Feier wirkt auf sie langweilig oder oberflächlich. Pater Anselm Grün stellt das Geheimnis der Eucharistie in seiner lebendigen und verständlichen Sprache dar. Er erklärt die Riten der Eucharistiefeier und fragt: Wie kann ich heute so aus der Eucharistie leben, daß sie meinen Alltag verwandelt?

Eine Bebilderung am Rand veranschaulicht die Elemente des Sakraments.

- Für Eltern von Erstkommunionkindern.
- Für Gemeindekatecheten, Priester und pastorale Mitarbeiter, die nach einer spannenden Anregung für die Vorbereitung des Erstkommunionunterrichts suchen.
- Für Liturgiekreise und Gemeinde pfarrer als Anregung für die Gestaltung der Hl. Messe.
- Für Christen, die die Feier der Eucharistie für sich neu mit Sinn füllen wollen.
- Für Nichtchristen, die etwas über den Kern des christlichen Lebens erfahren wollen.

Ein Sachbuch, das man verschenken kann.

Vier-Türme-Verlag
97359 Münsterschwarzach
Telefon 0 93 24 - 20 292
Telefax 0 93 24 - 20 495
Bestellmail: info@vier-tuerme.de

Anselm Grün
Maria-M. Robben

Gescheitert? Deine Chance

ISBN 3-87868-169-0
Format: 13,5 x 20,5 cm,
168 Seiten, broschiert

„Ein Buch, das in jeder Hinsicht ‚*Not*-wendig' ist."
(Schweizerische Kirchenzeitung).

Vier-Türme-Verlag
97359 Münsterschwarzach
Telefon 0 93 24 - 20 292
Telefax 0 93 24 - 20 495
Bestellmail: info@vier-tuerme.de

Ein Lebensentwurf zerbricht. Zurück bleiben Verletzungen, Mißverständnisse und Einsamkeit. Immer mehr Menschen scheitern in ihrer Ehe oder Partnerschaft, in ihrem Beruf, im Kloster oder als Priester. Anselm Grün und Maria-Magdalena Robben zeigen in diesem Buch, daß im Scheitern auch eine Chance liegen kann. Sie machen allen Mut, die ihr „Lebenshaus" wieder aufbauen wollen.